ESTE, EL CIELO SUBTERRÁNEO

Siltolá Poesía | 108

Yannis Antioju

ESTE, EL CIELO
SUBTERRÁNEO

Traducción
Mario Domínguez Parra

Ediciones de la Isla de Siltolá
Sevilla 2024

© **Yannis Antioju**

© de la traducción y notas: Mario Domínguez Parra

© de la fotografía del autor: Vaso Maragudaki

© 2024: **Ediciones de La Isla de Siltolá**
Apartado de Correos 22.015
41018 – Sevilla (España)
www.laisladesiltola.es • *editorial@laisladesiltola.es*

Diseño de colección: La Isla de Siltolá
Impresión: Kadmos

ISBN: 978-84-19298-44-7 • DL: SE 2687-2024
BIC: DCF • THEMA: DCF

(Impreso en España)

aletea el caliente élitro para adquirir su forma
DIONISIOS SOLOMÓS

Come under my wings, little bird
Come under my wings

Unmade, unmade
I swear that there's nothing up my sleeves
And then back again
I swear there's nothing
Unmade
(…)
Under my wings
We're unmade
THOM YORKE, «Unmade»

Das Rheingold:
Entry of the Gods Into Valhalla

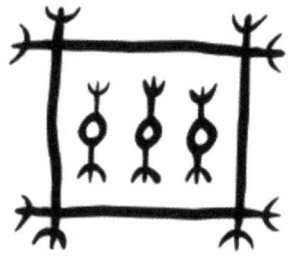

X.XVI.MDCCCXIII | 51.343479 | 12.387772

Su propio salto
elige el ser humano;
luego
al entreabrir la puerta
saluda a su Dios

Lo he visto
muchas veces

Este;
que el cordón del tiempo
estira
—dedos habilidosos—
que aprieta nudos
que gotea sangre

Luego
en la oscuridad
uno levanta la cabeza
amaneciendo o poniéndose

en Su luz

LOS IMPERDONABLES

Mi verdad es
un oscuro crisol
donde estiro la mano
para acariciar tu pelo
siempre un instante
antes de que mueras

Tu verdad es
un silencio violento
que me hunde en tu sollozo
y me ahoga

Me incliné de costado

—siempre altos y crispados
son los cipreses de enfrente—

y vi
que tu sombra devolvía
al muerto que no enterré

y la noche inmóvil
con espinas en las mejillas
que desuella

Te inclinaste a mi vera
tenías barro
y negra sangre

Estábamos echados;
desprendías una nocturna fragancia

Nuestra verdad
es mayor
pero no llegó
su hora
aún

—siempre altas y crispadas
son las sombras de los cipreses
en el cementerio de enfrente—

y nosotros
imperdonables
brillamos allí;

en el cielo subterráneo.

LA CANCIÓN DE AMOR
DE SAN SEBASTIÁN

> *(…) I think that at last you would understand.*
> *There would be nothing more to say.*
> T.S. ELIOT, «The Love Song of Saint Sebastian»

Es el sueño lo que me salva
aunque últimamente
mis sueños
están llenos de santos desnudos
y de seres que me agotan

Y me levanto
para escribir algunos versos negros
para la sombra que me tortura

Si alguien eleva la mirada
ve ratones
grandes
blancos alados
—murciélagos albinos—
que gotean sangres
sobre mi amarillento sudario

Y desde fuera se oye
el traslado de todo el mundo
y eléctricos sonidos de máquinas
como los truenos de una tormenta
sin agua ni aire

Mi cuerpo
una llaga moteada
por las flechas de Diocleciano
conserva la fe de los mártires
en la Basílica de la Santa Sede

Mi cráneo roto
copa de las Eucaristías llena de sangre
sacia la sed de los trogloditas
en Ebersberg

Muerto siglos ha
atado con los codos a la espalda
al tronco de un árbol
se me adora en torneos
y en sueños atléticos

Un día
el que me palpa
escribiendo poemas
me dará a luz
muerto de nuevo
porque no existió
ninguna Santa Irene

¡Tampoco vuestro Dios
existió nunca!

Me he echado
sobre una radiante urna funeraria
masticando estrellas;
ya no tomo drogas
es amargo el firmamento

En mi cuerpo femenil
tengo cinco flechas;
no soy San Sebastián
sino el modelo desnudo
de Antonello da Mesina
pisando descalzo
la sacra geometría de Venecia
atado con los codos a la espalda
en la viga de su estancia

El dormir que me salva
ahora me mata;
este es el martirio
y mis sueños
los explicaréis
en el cielo.

LA MUERTE DE NARCISO

I will show you his bloody cloth and limbs
And the gray shadow on his lips
T.S. ELIOT, «The Death of Saint Narcissus»

Los últimos meses
en mi habitación oscura
me arrodillo ante un mar de lágrimas
intentando reflejarme;
me inclino y me doblo
suplicante de un reflejo
que ya no recuerdo

Pero no digo la verdad
y la mentira me recuesta;
puede que no te vea
pero siento
tu húmeda matriz
tus cabellos empapados
tus lágrimas
antaño cuando los dos estábamos
—y el día no terminaba
    y la noche no terminaba—
mascando la timidez de la mocedad
doliéndonos ante cada mordisco
llenando el lienzo de penumbra

Nadie se imagina
cuánta luz
tenía al comienzo
mi oscura estancia
cuán duro era
tu férreo tórax

Viviendo separados tanto tiempo
aprendimos a hundirnos sin límites
en el espejo de la misma noche;
entre pequeñas alas
mordiscos
magulladuras
y úlceras;
mamando una ínfima libertad
con la que no contábamos
en esta inmortalidad

Me he inclinado casi sobre ti;
tu cabello
es oscuro y pulido;
flechas los dedos de la noche
suturan en nuestros ojos
el silencio estentóreo
de un oscuro coito
así que nunca nadie ve
que poco antes de ahogarme

estoy doblado
suplicándote, Caravaggio,
que traces en tu negro bastidor
para tenerla como salida
una puerta con la uña
y llamarte Dios
por haberme salvado.

PALPAMIENTO

Me exaspera mi lengua rajada
porque se atasca en los cinceles de los dientes
goteando pequeñas palabras religiosas
como doblados amenes

Me exaspera también mi noche extinta
una estancia oscura
sin estrellas ni luna
llena de millones de estigmas azules
apoderándose del cuerpo de la oscuridad

De pequeño doblaba la lengua
rascando las heridas de la boca
—perdidos dientes de leche—
y si la lluvia acontecía
echado junto a la ventana
miraba hacia las tejas
para que no se cayese
mi diente infantil
y germinase en el barro

Luego me frotaba
una y otra vez los ojos
hincando
estigmas luminosos

en el cuerpo de la noche
porque entonces creía
—aunque por las noches
preguntaba con insistencia:
mamá, ¿me quieres?
una y otra vez

Pero se me cayeron los dientes
y aprendí a morder el gaznate
y la verdad
despedazando las serpientes
que siseaban en mi cabeza

No es que creciese
Es que no creo
Por ello
cada noche
en mi oscuro tálamo
—cual infiel Tomás[2]
extiendo mi dedo índice;
una lanza
en tu herida

Y tú
cada día amaneces
y me perdonas

Para ser sincero:
aparte de infiel
también soy cobarde

Nunca te miré a los ojos;
porque a Dios lo palpas
pero no lo encaras

Y si es que, Maestro,
vas de nuevo a enseñarme

mira

no me amanezcas
i n f i e l

GUERRA

En la ciudad narcotizada
si me ves al anochecer
llorar encorvado
a la luz macilenta de mi estancia
no creas que estoy rezando
o sufriendo
Es porque tus alas me rasgan
y porque la noche
me eleva rechinando
sobre las vetustas torres
y los ruinosos castillos de Alemania
buscando tu sombra
No es que te perdiese
pero en el gran reloj de Leipzig
la manecilla se oxidó
y ya no tañe a medianoche
Dentro de tanta inmovilidad
Bach ató a nuestro Dios
a una roca del Purgatorio
Dentro de tanta noche
solo la nieve brilla
emblanqueciendo las orejas del diablo
¡Qué dulce melodía
los martillos de los hombres!
Au revoir ici, n'importe où.[3]

OTOÑO

Siempre en semejante estación, cuando es enfermiza la ofuscación y se marchitan mis hojas, noche respiro. Enterrado en las hojas tranquilizantes de un viejo tilo, me pudro empapado. El otoño no tiene patas. Solo un cuerpo fangoso yace a medio enterrar en sonatas y adagios nocturnos. No sé qué ocurre en mi noche. Sé, sin embargo, con seguridad de las estrellas; porque la luna alguna vez me hace el favor de desaparecer. Y luego no brillo, no brillas, no brillan nuestras argénteas hojas. Absortas, se arremolinan, vórtices en el aire, y de nuevo reposan en el suelo, de la manera en que los seres humanos se apilan unos sobre otros; y no hago más que inclinarme para acechar tu dormir. He llenado la estancia de cenizas e hilos. Fumo y coso un monstruo que nadie comprenderá. Soy la sacra podredumbre que rozó tu boca. Tanto me he cansado buscando un verbo tuyo, el que con insistencia anhelas, recitando una y otra vez: Aber weh! es wandelt in Nacht, es wohnt, wie im Orkus, Ohne Göttliches unser Geschlecht.[4]

—El otoño no tiene patas. Solo un cuerpo fangoso yace a medio enterrar bajo el viejo tilo.

Y, sin embargo, los dos hemos d e a m b u l a d o por sus escombros, compartiendo nuestra muerte. También los dos hemos c a m b i a d o. Tras nuestros párpados cerrados solo el fisurado tetrágono negro de Rusia amanece—

La estación nos maduró incluso aunque dos estigmas en las pantorrillas se enardeciesen. Picaduras de insectos estivales, que hago que sangren inclinándome para que algo de verano gotee. Un poco por poco por poco hurga aún en dos heridas. Sobre cadáveres de soldados muertos nos sacudimos las palmas de las manos estirando nuestros dedos raquíticos, arrojando sobras las sábanas agujereadas los huesos hechos añicos de nuestros pies palabras-magia, que tú denominas pequeños detalles y yo poemas. Entonces, el oscuro cielo extiende las manos. Nos convertimos en las aves de la muerte con las lenguas cortadas. Invisibles, amontonamos en la estación los deseos y cuando se fortifica nuestra oscura mirada, revoloteamos hacia los tupidos bosques al acecho de las ciudades iluminadas y nos abalanzamos picando las ventanas vahadas a la hora en que se ciñen las manos de la pasión y os ahogan. ¡Nunca! ¡Nunca salvamos a nadie!

—El otoño no tiene pies. Solo un cuerpo fangoso yace a medio enterrar bajo el viejo tilo.

Bach ensaya la *Pasión según San Mateo* en Nicolaikirche: «Erbarme dich, mein Gott, Um meiner Zähren Willen!».[5] Dios mío, nos convertimos en los ladrones a la izquierda de Tu cruz, aguardando a que los soldados sean resucitados. La eternidad se mofa de la democracia. Comulgamos con tu cuerpo y tu sangre para que nos inundes. Somos Tus cristianos caníbales—

Entre tú y yo está el gran camino y la macilenta luz que nos pudre. Hemos engullido nuestro cuerpo. Solo falta que despedacemos nuestros corazones.

SENTIR LE FAUVE!

El planeta se sopesa en una época como esta. Se inclina diez grados, desbordando las noches, vaciándome sobre gigantescas tijeras, que me escarban y me cavan, inhumando en el cuerpo todo lo que me sobró del amor; porque mil, y otros mil, años avancé, pero no llegué a ninguna parte; y no estoy en la tierra, no estoy en el cielo, sino que levito acorralado dentro de una amarilla neblina en el ínterin, que unos llaman sueños y otros, pesadilla.

Dentro de tanta noche, me consume el esfuerzo de iluminar los laberintos y las arterias soterradas. Un desfile de vida y muerte: camino ahogando en mis manos ratones en llamas y candentes serpientes que se retuercen. Me desmayo entre matanzas y guerras. Me hundo en las aguas verdoscuras del lago Enriquillo. Denso tejido el abismo de La Española, brilla con incontables ojos áureos y bocas asimétricas. Sentir le fauve![6] Estoy en sus dientes. Los nativos ruegan al dios de la vainilla que extienda su mano blanca y que me alce, mostrándome desde lo alto a las aldeanas que dejé rezando a los ángeles —en los campos cultivados de Pont-Aven— destrozando mi equívoco

es entonces lo que deseo gritarte para que vengas tú también a ver:

—que aquí está crucificado
el amarillo Cristo de Gauguin
éste nuestro desbocado cómplice
este sol—

es entonces que deseo perseguirte para que alcemos
juntos Su cruz, para que la carguemos por el margen
del puerto, para ungirlo con la colonia del muerto,
para que desprenda fragancia, para que se restablezca.

Pero no (te) creo.

Intenté con fuerza sacar a rastras de mi mente a
la bestia, pero esta se empotra en mi cuerpo y lo
devora. Me he encaramado desnudo al antepecho de
la Historia. También me cansaron mis palabras y este
gran mundo.

Por ello:
un poco ámame
un poco
—no tengo ya bastante tiempo—
¡Bésame!

Los negros cabellos de la inmortalidad, una bandada
de aves, extendidas por Tu cielo amarillo.

Sentir la fauve! Estoy en tus dientes.

SILENCIO ES TU AMOR

En el cuerpo, en el recuerdo nos dolemos.
K.G. KARYOTAKIS, «Somos algo...»

Añoré un amor que no se habla. No podía soportarte silencioso. Con tu amor no podía. Coloqué palabras sobre tu cuerpo y suertes a medio devorar, aquellas que los seres humanos arrastran excavando en sus vidas; te rasgaba y luego te lloraba en tu sangre —ofrenda funeraria a los seres peludos que nos rodeaban adensando nuestras noches. Te encaré dentro de sus ojos rojos, sobre sus dientes amarillos, te deseaba.

Este, el otro mundo.
Este, el cielo subterráneo.

En el silencio, nunca fui nada más que el blanco polvo rallado sobre el escritorio. Una cornucopia de granos de poder o las cosas existentes de un día, que amaneció sobre nosotros enferma y viandante por los grandes caminos.

Al anochecer nos reuníamos en las plazas junto con las aves. Nunca gorjeábamos. Suplicantes en las grandes galerías, compartíamos las migajas envasadas de un dios foráneo.

Cruzábamos las manos ocultando con celeridad en nuestra ropa interior nuestro mañana apagado

Y me amabas
Y te calentaba

En nuestras manos ardían los antiguos inciensos y en las tres lámparas desnudas de la habitación colgaban la Estrella Polar, Sirio y Aldebarán. En este universo florecían mágicamente las sábanas estampadas que ocultaban dos sombras desde las manos de la ley hasta sus surrealistas pistilos: y las flores violáceas, los estambres carnívoros, las espinas hechas de oro y los tallos esmeraldinos.

Antiguamente nunca lloraba tanto y este tictac de mi corazón, un irreversible temporizador de muerte. Contaba las palabras. Las cuento como balas. No moría. Los maté a casi todos. Fortalecí los brazos. Tantos años ha que excavo. Excavo profundamente. Apestaban insepultos mis cadáveres.

Mis manos
dos paréntesis medias lunas
dan una luz tenue
a tu rostro

No me hablas
Silencio es tu amor.

Me extenuaba tu recuerdo
Me evitó
Te digo:
es un tiempo difícil:
\soy/
\eres/
una utopía lingüística
colocaré cuchillas sobre nuestra lengua
para que recordemos que poco antes
era | eras
un ritmo inexistente
o
la saliva
que
la gente se traga seca
antes de ser devorada

te echaste
te desvestiste
ardías
brillabas

Al amanecer mordí el sol con todos los dientes que tengo y aquel amaneció a la mitad. Decapité tu sombra para que no vieses cómo vuelvo a colocar palabras y azares medio devorados en un nuevo amor que no se habla.

Me he arrodillado sobre ti como el Minotauro de Picasso y te acecho.

SERPIENTE BLANCA

Cada noche
una serpiente blanca
enrollada en mi pierna izquierda
apoya la cabeza
en mi corazón
y lo congela

Despierto sin rastro de saliva
Tus manos me han excavado
Mis labios
—oscura tinta de asfixia—
te besan y te escriben

¡Qué retraimiento tu abrazo!

Por la noche
quemaré las sábanas
con las ramas y las flores
que te ocultan

Quemaré la cama
       la casa
     y la estancia
—para que ardas;
para verte cual serpiente blanca

para que agujerees
para que me aprietes
y para que me beses
encendiendo las estrellas

† VALHALLA, 16-10-1813

Tres días hace que el sol se pone en la ciudad que nunca existió; se halla en mitad del cielo, agostando mi memoria. No vaya a ser que me acueste en mi habitación secreta, a la que subo en el intervalo e incluso a mayor altura, viendo que, desde el huevo podrido de Dios, los áureos gusanos se derramaron desde el núcleo, agujereando la cáscara; golpeando sus pequeñas alitas diáfanas.

Más abajo están los pozos negros de un poeta gánster y las alcantarillas y las fuentes y las simas célicas.

Teme el dios colgado que quizá yo hable de las abejas que son tigres alados que ramonean en las flores del Valhalla,[7] de los fosforados espectros de los mares y de estos redobles de campana procedentes de los pequeños templos que resuenan en las evocaciones y en las calamidades, rompiendo las débiles estrellas en el cielo de Asgard. Me produce tristeza la acronía; me duelen los ojos.

Durante este gran insomnio, respiro instintivamente, resuello humos, me froto, me estiro cual fiera indolente, me equilibro en las terrazas, me pondero, veo el mar que se embravece y se destripa en las rocas engullendo los ratones y la antigua inmundicia —los ratones no se ahogan. La inmundicia es los ojos del mar. Luceros entreabiertos burbujeantes que regresan a las costas y se secan al haber visto las estrellas rojas oscuras, los huesos lejanos de los ahogados y el resplandor selenita en el escudo de una Valkiria enamorada.[8]

Mi cuerpo, un zurcido territorio nacional de héroes. Cosido palmo a palmo, yo sobrevivía con los ojos cristalinos de los gigantes en los puños. Cada noche levanto las palmas de las manos hasta el rostro y las tuerzo hacia fuera. Cada noche, exactamente a las 23:45, me convierto en el enfermero que ampara a los soldados moribundos. Les cierro los ojos. Los atesto con sus trapos desgarrados. Los tapo. Los engalano con el lucero del alba. Acabo con el aceite de mi fanal. Me envuelvo las manos con gasas y mido con desesperación, en las líneas de la vida y en las desconchadas lindes de Afrodita, la sangre que los seres humanos derraman.

Tantos dedos manché, tanta tierra durante toda una vida y semillas de luz devastada que picotean con premura las palomas bravías. Mis muertos no se descomponen, reúnen chispas de cuerpos, grandes ojos de peces, flores mágicas, chirridos y pavos reales machos. Mis muertos se arremolinan. Cada noche me consumen y me recitan poemas. Mis muertos son los soldados arios de la Batalla de las Naciones. No se producen pesadillas, pero siempre se me llevan a alguno.

Antes de ayer, tenía el cielo una gran luna agujereada. Te miré torvamente —mi atlante se ha rajado y mi eje, un roto goniómetro— no me percibiste. Eras el lobo de mirada vacía. Un lobo que abandonó a su valkiria. Había amanecido. Hablábamos a las estatuas. Te me inclinaste al oído y me reconociste.

Quiero ser sincero contigo: cuando me aflijo, doblo el silencio de los soldados muertos y me desvelo mirando la pequeña columna de cemento de la calle Iris. No tenemos ríos navegables en Atenas. Nuestro oro está en el mar. Oed'und leer das Meer.[9] Nuestro oro no lo custodian las hijas del Rin. Lo custodian los ratones —los ratones no se ahogan. En el silencio no necesitamos ya héroe alguno, sino un protagonista ignoto —te elegí para la guerra.

El gran lobo[10] está aún atado con la magia de los duendes: tendones de osos, hálitos de peces, barbas de mujeres, saliva de pájaros, el sonido de la coz de un gato, raíces de montañas y en su boca tu boca.

No puedo engullir la gran luna que arrastra tu noche hacia mis dientes. La hago crujir, la mastico, la sufro; dientes añicos, mis muertos; negra sangre, tu boca.

¡Anocheció!
¿Cómo es que se pudrió mi corazón?
¡Dime!
¿Con qué voy a amarte?

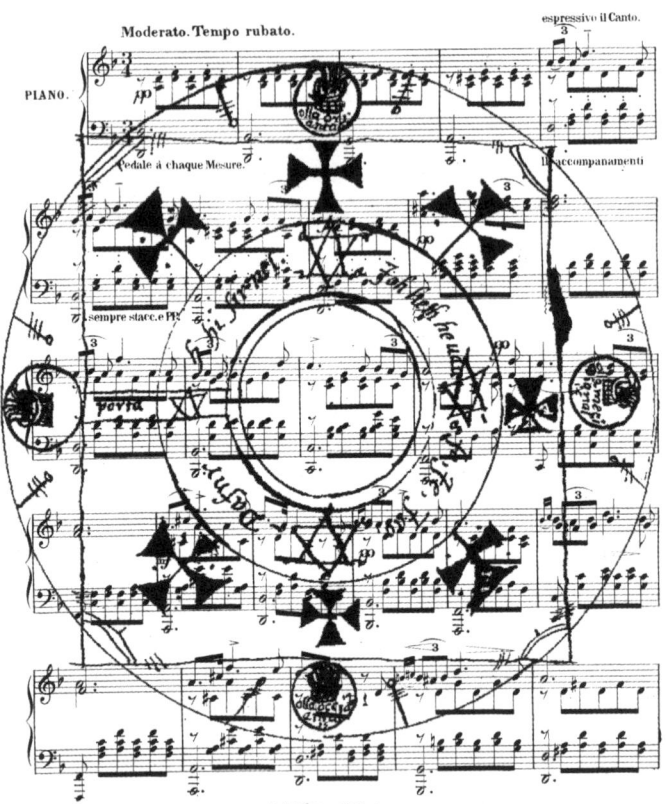

XI.XI.MMXVII | 37.97945 | 23.71622

STÄNDCHEN

En mi peculiar silencio, echo un vistazo a tumbas de poetas. En sus márgenes, acojo dos-tres cuerpos que amé, pero raramente se lo recuerdo a personas como tú. Les he sacado los ojos, les he rajado la boca, los empujo profundamente hacia los libros, los aprieto. Sombras delgadas, estos, ascienden hacia mis sueños y me ahogan en sangre. No quiero que mueras. No hallo ya ningún Dios que me salve.

En el desierto florecen solo humildes rosas —ya nadie ofrece humildes rosas— las corto machacándolas con los dedos cruzados para este rojo del icono que mana a borbotones cuando las espinas me pinchan. Pintar los ojos que les saqué, poner en sus labios escuchimizados pétalos rojos. ¡Unámonos!

Muchas veces, por la noche, tú y yo escuchamos a escondidas en un sótano la Serenata de Schubert.[11] El gobernador ha prohibido las lágrimas. La cultura no debe, cueste lo que cueste, oxidarse. Encendemos una luna eléctrica y nos desnudamos. Al morir, te revelo que he comenzado a separar los órganos. Las orquestas me hieren. Amo las teclas únicas, las cuerdas extendidas y el zumbido de tu silencio, de este que una diamantina aguja, que discurre por los surcos, multiplica.

Algunas veces
no es
no eres
sino una pausa
—la pausa es la verdad

Entre el resplandor de un rayo
y la detonación de un trueno
no es
no eres
sino una pausa
—la pausa es la verdad
tu verdad
Liebste, komm zu mir![12]

Me dices: Nah oder kurz ist die Zeit.[13] Viviendo con marchas y exclamaciones heroicas, avanzábamos agrietando nuestra soledad. Arrancamos hojas exóticas de seres humanos que solo brotaron para nosotros, perdonando así el reducido tiempo que nos hace desaparecer; y, más tarde, todos estos devinieron árboles olvidados. Tejamos coronas de oxígeno que adornen los rubios cabellos de sus epígonos.

Me dices te quiero y los otros han muerto.

Bello es que la muchacha desnuda ondee sus apretados pechos. Entre sus piernas, el agrio sol ruso, un núcleo no maduro, vísceras que excavar, para que adivines con tu lengua los frutos del futuro.

Bello es que un fauno se clave en los precipicios, saltando por pequeños barrancos y zanjas. Peludo augur, yaciente en el borde de la gran roca, oye la flauta anquilosada de una abubilla: u-pu-pa, u-pu-pa. Se prepara para la guerra.

No sé qué color tendrá el mar de los epígonos. Solo sé que te gusta el mar. El mar hace desaparecer el mapa. Regina sostiene en las manos dos blancas lunas de papel. ¡Mira! Con un filo, cualquiera construye la belleza y tú vuelves a decirme: Nah oder kurz ist die Zeit.

> In des Mondes Licht
> Liebste, komm zu mir!
> Liebste, komm zum Meer!
> Aber ich mach'das Licht auf
> Und du verschwindest.[14]

NACHTS

Por la noche
nos calmábamos en el fuego;
nuestras bocas candentes
ensangrentaban la oscuridad

Desde la mañana
las aves no vuelan
y las vigas del techo
se encogen y chirrían

¿Cómo se encogió la estancia?

Me he inclinado sobre ti
y lamento
no saber
tu nombre.

¿De qué feraz barro
está hecho tu cuerpo?[15]

DIOS (NO) ESTÁ CON NOSOTROS

Nah ist
und schwer zu fassen der Gott.[16]
FRIEDRICH HÖLDERLIN, «Patmos»

Percibo el mundo
por sus analogías;
no imagines que hablo
del día
o de la noche
de las aves hablo
de este gran silencio
que cuanto más crece nadie
lo oye
golpeando en sus dientes
a un Dios

Hölderlin se engaña;

a Dios lo muerdes
te amargas
y me dices:
Gott mit uns![17]

Pero viví la belleza y mi juventud semejaba un duro
invierno —estos cabellos negros tuyos, tus bellas

cejas, tus labios lívidos, tu albo rostro, tu helado beso, esta, nuestra muerte— y miraba a escondidas a niños pequeños y a amigos y a las mujeres de otros y contaba mis años con versos de poetas. Quiero decirte: toda mi vida oculté una navaja bajo la almohada y cada noche me tallaba a Dios en las mejillas, ensangrentando, goteando tiempo, sacrificando las reinas, las sotas, los dígitos, las cifras y los ratones de la memoria, fabricando con su sangre un oriente, un occidente —no tiene importancia— si no este disoluto rojo, que en la vida da a luz y lo llaman universo.

Pero tu Dios viene ya mientras yo sueño sosteniendo el martillo de Thor y me rompe los dientes. Pongo mi mano en la boca, palpo con los dientes alvéolos vacantes. Mi boca se pudrió en un santiamén; una cueva oscura que los diablos habitan y las águilas calvas de tu Alemania crascitan con un violento murmullo[18] —tu propio murmullo:

Gott ist tot[19]
er ist nicht mit uns

He amado las abubillas y los ruiseñores. Las analogías del mundo conservan mi amor. Cada noche duermo con una inmortalidad sin bragas que fuma con los ojos

clavados en la eterna medialuna.
                    Dios (no) está con nosotros
                              y
                    Hölderlin es telúrico

Al alba me puse un uniforme de la Luftwaffe. Te
desnudé y te marqué el tórax con la estrella de David.
Soy un fascista al que no le bastó su lengua. El Dios
boreal motorizado se prepara para volver a matar a
Jehová.

                    Engel des Todes, kommt!
                Ich halte Thors groβen Hammer
                    mitten in deinem Schlachthof
                            Gott ist tot
                        er ist nicht mit uns
                    und die Zeit is erschöpft
                über diesem Meer von Tränem[20]

ESTE, EL CIELO SUBTERRÁNEO

O wie mild ist der Herbst[21]
en el bosque boreal
donde me has abandonado;
cada noche
una gran luna
petrifica las encinas
los brezos
y los espinos de fuego

Blanca Coruja
el amor de los enamorados
y mi silencio

He arribado descalzo
al claro de un lago oscuro
En su fitobentos
el Dios antiguo reposa
En su boca
las estrellas
devienen flores célicas

A mi alrededor se reponen unas fieras
Las fieras no tienen ojos
no tienen lágrimas

La noche se ocupó de mi vida
y yo de mi cabeza

En lo profundo del lago
—este, el cielo subterráneo

O die Härte des Winters erstreckte sich über der fernen Stadt.[22] Nadie oyó el treno de la lechuza en la noche polar. Los seres humanos recostados, uno al lado del otro, tallaban sus cabezas, se calentaban exhalando sus sueños muertos. Así olvidaron al profeta y dejaron de hablar del amor. Luego, la blanca Coruja se recostó dentro de la nieve, picando los ojos del Dios antiguo.

El Dios no tiene ojos
no tiene lágrimas

Der Frühling im nördlichen Wald hatte etwas magisches.[23] Adorné con flores falsas de cementerio todo lo que petrifica la luna —incontables los muertos y los árboles.

O die Nähe des Todes.[24] Aquí gotean todos los tormentos; las noches, oscuros fragmentos remolinean —miedos de niños encapuchados en la penumbra y las flores falsas no se marchitan nunca;

solo caen de los pétreos torsos cuando a mi alrededor
las fieras se reponen

Las fieras no tienen ojos
no tienen lágrimas

Aus der Brust des Sommers[25] diáfanos espíritus
emergieron; pegaron un respingo; se levantaron en
lo alto brillando y resbalando hacia la profundidad del
lago relucieron célicos al sol de medianoche.

Reuniste en tu saco de piel todas mis pertenencias;
palabras, diáfanos párpados, rubios cabellos, una
lengua diferente, mi mágico cetro.

En el bosque boreal donde me has abandonado, quiero
que sepas que maté a Dios en mi desesperación.

En lo profundo del lago
este, el cielo subterráneo,
se llenó
de espíritus célicos
que se frotan
y echan chispas
dando a luz
a soles y lunas

En lo profundo del lago
—este, el cielo subterráneo—
resplandece
un célico amor

EL INTERMEDIO DE RENFIELD[26]

Busco sin esperanza
un motivo
para no amarte

Te hablo de la muerte
del futuro
y de los amarillos árboles del otoño

Te escribo sobre Dios
palpando con mis dedos
tus diáfanos ojos

Un invisible rastreo
para unos pocos amigos
puesto que ellos
no pueden amar
al poeta que abre
a un ser humano con el bisturí
reclamando todo lo que existe
dentro de su cabeza

Soñaste con las palabras
que acariciaban calmosas
        sus vientres
y me lo dijiste—

habiendo comprendido
que estoy listo para sumergir
mis manos en tu cabeza
y para amarte

Lo más extraño, empero,
no es mi amor
sino
cortarte
y que no sangres ni una gota

No digo
que nadie se resista
      al amor
es un acto heroico

> Soporta toda muerte
> la noche
> el hombre pálido[27]

pero todo
ocurre
por

la sangre

(tuya)

UNO + OTRO
SER HUMANO SUCIO MÁS

Regresando de la boca del Mar Negro, boceté dos ángeles inmóviles que decían: acaba con él dentro del poema para que se muera. ¿No sientes? Te ama y tú no tienes tiempo. Y garabateé en los márgenes de mi papel un silabeo: «un po co á ma me, un po co» —sello mágico— porque nos acercábamos a la extenuación en nuestro desmembramiento de papel y te dije: ah, no lo sientas. En mi poema mueres, pero en la vida ahondas.

Soy una persona sucia. Cargo con un pesado martillo rompiendo la gran montaña de Dios, construyendo doce colinas con pétreas aras. Cargo con una acerada hoz, decapitando a doce fascistas envejecidos. Y tú siempre en alguna parte entre las gónadas del vientre y la soledad de mi cabeza, con el puño cerrado, martilleas —sehr langsam— las primeras diez notas de «In memoriam»,[28] de Shostakóvich, y luego susurras: O, wie dunkel ist diese Nacht.[29] Liebste, komm zu mir, komm zum Meer, komm zum untersten Himmel. Liebste, komm lass dich mit mir sterben![30]

Qué silente futuro nuestra oscuridad.

Desnudos y decrecidos, dos asesinos compañeros, permanecemos en vela con las águilas en nuestros hombros en la mansión del cielo subterráneo y amanecemos con las alas abiertas de par en par hacia la estrella Sirio; dos quemaduras fosforadas en un férreo tórax. Y es un hecho pequeño e insensible, que también llamas milagro, que también llamas revolución: Nosotros dos, entre los silencios y los ruegos de las personas, sintiendo tantos siglos, que Dios viene y va por la Historia, con unas grandes alas, blancas y negras, y nos estremece.

Eres una persona sucia. El mismo día de Santa Catalina le cortaste los pechos a Katyusha; no eres el águila gris y en la primavera no florecerán los manzanos. Eres el lobo Fenrir, que durante el duro invierno engullirá el Sol y la Luna. En el casi futuro tengo una pena que me tiene en vela. Al amanecer, encierro en una maleta célica el pasado, la cabeza cortada de mi padre y los dedos rotos de tu Rajmáninov y te espero.

Pero no sé
siquiera si sabré alguna vez
si viene o va
nuestro momento

Desde que me robaste la música, un sacro parásito se extiende en la oscuridad y me desaparece.

EL LAGO

Siempre regresas, pena mía,
al lago de mi pecho—

Al anochecer
viene el dios célico
arrugando
con sus manos esqueléticas
su pulida superficie;
sus uñas
—diez medialunas—
siegan
su embarrada calma
¡Oh, cómo chapalea la pasión
en el agua de tu cuerpo!

En lo profundo del lago
—este, el cielo subterráneo
es azulino
En la noche sacrílega
no hallo ya futuro en buscarte
y nuestros duros abrazos
son como palabras punzantes
que devienen cruces
y nos clavan
en la orilla.

LAS AVES

En invierno
en las noches dichosas
que las personas ingeniaron
para mirar hacia lo alto
perdonando las decapitaciones
dos aves dignas de lástima
plegaron las alas
inclinando las cabezas;
adustos cuellos desplumados
en sus pechos

En su adoración
imperdonables gorjeaban
todo lo que dicen
los que se separan
—un pleno te quiero—
ahondando el abismo

Al amanecer
picoteando algo
y aún algo de vergüenza
con premura hundieron
sus duros picos
en los iris del cielo
rasgando el cuerpo cristalino
del ojo que todo lo ve

Goteando
amaneció un sol silente
macilento iluminando
a un Dios que se alza

Dios (no) estaba con nosotros

Cuando el día descendió, hacia el bosque boreal se
arrastró la caperuza de la noche. Desde la profundidad
del lago, amaneció un redondo ojo lechoso de pez,
que las personas llaman luna lobuna; un blanco candil
que iluminaba las profundidades humanas. Y como
se encendiese la orilla, un mudo cisne negro le hizo
una señal para que lo apagase. Hundiendo todas las
vértebras de su cuello, desgarró la tersa superficie
del lago, descapullándolo. El aire me blanqueaba y las
aves volaban asustadas hasta el extremo de la ciudad,
buscando abrigo en los féretros de dos muertos.

¡Oh, cómo se aman las sombras en la humana oscuridad!

† y no amanecía
ni una gota de luz navegaba;
solo corrían las aguas de la noche
y las estrellas de la cordillera
brillaban, carbones rojos[31] †

Con sus cabezas inclinadas contra el pecho, excavaron en sus tórax para que la sangre de cada cual gorjease, porque Dios no perdonaba el juicio de las almas de su amor y quería terminar con estas cosas.

Ordenó a Zofiel que hiciese sangrar mientras amanecía la línea del horizonte y así, rasgadas y dignas de lástima como estaban, que las hallara y las sopesara sobre el averno del cielo subterráneo. Y una era propensa a perder una alita y otra a perder una alita más, hasta que al completo se desnudaron y ya no eran aves, sino dos soldados muertos expoliados de cuyo corazón goteaba una sangre célica, gorjeaba una sangre célica.

Este, el cielo subterráneo
hatte eine blaue Blume
ein blaues Blut
eine blaue Liebe
einen blauen Gott
aber
er war (nicht) mit uns[32]

¡Ah, cómo brotan los Muertos!

LA FLOR CÉLICA

Vosotras, aves de la otra ciudad, que os posáis en los
fastigios bizantinos de los templos —sobre estrellas,
cruces y medias lunas— devanando Su rostro
Vosotras silentes humanas sombras, que seguís o
precedéis vuestra aniquilación
Vosotras amantes, que sudáis excavando la frente de la
noche
Ahora no sois más que los testigos de la flor célica que
brota desde dentro de sus entrañas.

¡Qué célica oscuridad la que impera en la estancia!

....
....
....

El invierno rompió los dedos de los árboles
Dime, ¿con qué te acaricio?

Dormía, te abrazaba y te apretaba dentro de los regatos
del sueño. Me anegaba, en los labios, por los labios,
desde dentro de tus labios, copiosa agua; tus pétreos
dientes, blancas medialunas de magulladuras. ¿Cómo
me comiste en las oscuras habitaciones de la casa? Y
se abalanzó dentro del sueño un soplo tartamudo para

descuartizarte. Cavilé la inundación de la sangre; pero no, no me despertaba. Solo te veía soltar los cabos de la casa y empujarme sobre la cama con un amor que no se habla; la cama tenía nieve negra

Me incliné a tu lado
tenías barro
y negra sangre

Estábamos echados;
Desprendías noche

Cuando amaneció, nos acercamos a una luz tenue. La casa respiraba tras unos muros amarillos. Tenía frío. Llevaba puesta tu roja piel. La rebosaba. En la cocina, el fregadero no tenía un laguito y en el pequeño balcón dos infatigables chochines, entre bidones de plástico, picaban todo lo que sobraba del pan y el vino de los seres humanos. Encaramándose a las suturas de las casas apilaban pétreas migajas, rojos coágulos, piedras preciosas de la devastación. Callábamos. En los labios, desde los labios, dentro de tus labios, copiosa agua. En mi boca, el horror de la pasión, cómo no decirte: te quiero.

Tú, mi silente amor, cuando nuestra carne padece, un dios resplandece en nuestros ojos entreabiertos, brilla la eternidad en nuestras pestañas.

Tú, mi única muerte, cuando nuestro destino deviene hado en las suturas de la casa, una pareja de cenicientas aves —nuestros corazones que aletean— se sumerge en la célica oscuridad.

El invierno rompió los dedos de los árboles
¡Su ritual hizo añicos nuestras ramas!

Estamos echados;
en la noche brotó
la flor célica.

PRÍNCIPE HAMLET DE DINAMARCA

Empiezo a acostumbrarme;
cuéntame la historia de Hamlet
De un desconocido

Dudad vos que las estrellas sean fuego.
Dudad que el sol sí que se mueve.
Dudad que la verdad sea mendaz.
Pero nunca dudéis que yo amo.
William Shakespeare, *Hamlet*[33]

Tengo un mundo lúcido en mis sueños: una ciudad
con un cielo decrecido que me desazona. Y están
sucias y terrosas sus grandes avenidas. Y a causa del
copioso polvo no se distinguen las aves, excepto en
el momento en que los cuerpos celestes extienden su
luz. Por ello, también todo lo que recuerdo narrarte
es para el momento en que amanece u oscurece, es
para las hojas áureas de los cedros de Salomón durante
el alba y las argénteas agujas de los cedros durante
el crepúsculo —pequeñas gotas que relucen en tus
claros ojos.

Mucho, mucho tiempo ha ya
que sé que lloras por las noches.

—te oigo sentado en las suturas de la cocina fumando, viendo los relámpagos de un televisor mudo en el apartamento del 5º piso. La mayoría de las veces no soporto tu negra sombra, un denso e inmóvil mar que se alza para ahogarme en la cama, y te abandono —te oigo sumergirte en el ácido colchón ruso, una sibilante exhalación cual alarido y un gran suspiro en la habitación sellada; temo que te estés muriendo —te oigo atravesando desnudo el abismo del pasillo, echando una mirada furtiva al frente, hacia el techo desvencijado de la sala de torturas cerrada. Diría que no me perdí en la empedrada noche y la ciudad al completo, un mundo sumergido

Mucho, mucho tiempo ha ya
que sabes que siempre regreso
desolado a la penumbra
Cargando con el fresco de dos siglos
arrastro una luna palidísima

[nunca me libraré de mi blanca muerte]

Dentro de la silente casa (l a d e e ll a)
me desabrocho la camisa desgastada;
nuestros pechos
dos humildes aves,
débiles tus dos manos

cómo me abrazan
cómo arden tus ojos
cómo me comen las raíces de tu cuerpo

[Wir sind einsam aber du bist tot[34]]

Tengo un mundo límpido en mis sueños. Yazgo contigo haciendo señas a las aves de la ciudad polvorienta. Recopilo sus insumisos gorjeos y te acecho en las orillas del sueño sin ojos. Dos bocas perplejas balbucean en el fondo del lago: ¿quiénes somos?

Nos hacemos a la luz que viene y va. Calculamos el tiempo mientras se desborda de Su negrísima boca y es extraño que nos toquemos en los ojos—

no tenemos ojos
no tenemos lágrimas

Amanecemos de luto; —el príncipe Hamlet ocultó en el fondo del lago a su ahogada Ofelia y es extraño que nos toquemos en los ojos—

no tenemos ojos
no tenemos lágrimas

—en los ojos del otro cualquiera lee la infracción

Mucho, mucho tiempo ha ya
que sabemos que no vendrá el verano
y es hospitalaria la ciudad polvorienta
en el aleteo de la muerte

Dos humildes aves
volarán libres
desde los pechos
—oh, the rest is silence. [35]

An den Mond

Johann Wolfgang von Goethe
(1787-1862)

Franz Schubert
(1797-1828)
D.296 (1815)

Ful-lest wie - der Busch und Thal___ still mit Ne - bel glanz, lö - sest
Je - den Nach - klang fühlt mein Herz___ froh und trü - ber Zeit, wand - le

EN TIERRA DE SINHAR[36]

Tiene una torre mi cielo[37]
y mi tierra se rompe profunda
—anidan en la Confusión[38] aves—
y mi mar, una noche intransitable;
cada noche un cuasi futuro

Dentro de mis párpados cerrados
una ínfima luna
amanece en tu cuerpo
cayendo
alba agua goteando
hasta allí donde nunca
llegará nadie

Dentro de ti duermen las fieras
Dentro de mí los enfermos
con sus corazones cosidos
Temblorosas manos aletean desde los bosques
—anidan en la Confusión aves—
pero es serena mi sensatez

Y si quiero comerte
es porque en tu boca
—en los labios
dentro de tus labios—

un lago a medio escribir
bebe mi dormir calmo

Excavo con mis dos dedos
tu hierba sin hollar
Entre tus pies, mi cruz
Un niño resbala por tus costados
huele las fieras
y al Dios que con nos (no) está

Ayer que te apareciste en mi sueño
te puse a escuchar
las respiraciones de mis hijos
Al descender
liberé en ti dos aves
y una media luna;
una estrella que darte no tenía

Al amanecer distinguí una sombra extraña
que semejaba una muerte ecuestre
Estiré la mano derecha
hacia la luz rota de la habitación;
congeladas estaban las orejas del diablo
y goteaba saliva tu cielo
regando una célica margarita
que se abría cual estrella
sobre mi corazón

Tiene una tendencia esta pasión
un luminoso talud
que nos vive
y no ocurre una caída

Te digo

es serena mi sensatez
y tú
la intacta oscuridad
que me traiciona
en la luz

SANGRE SUCIA

Now, do you doubt that your Bird was true?
EMILY DICKINSON

Quiero que sepas
que la sangre me aletarga
por ello
decidí inmolar las aves
calmando los gorjeos
y nuestras salvajes noches

Qué matanza
nuestra primavera de este año

Con una media luna
las tantas me dieron por el gran camino al regresar;
y brillabas
cómo resplandecías, mi amor,
en la putrefacta estancia (d e e ll a)

Qué luz célica
se derramaba de tu boca
—y sangre sucia—
vertiendo nuestro suave futuro
—la sangre de las aves—

en las suturas de la casa (d e e ll a)
que crujía y agonizaba

Y apoyé
las manos en tus ojos
—dos negras mariposas—
para que no vieras
que el cuerpo nadie
con las manos lo aprehende
sus oscuros senderos
entreabriéndose
—mis dos dedos
    en el barro de tu tronco—

Antes de que lloviese
doblé en mi piel
las negras mariposas;
fumé
volví a amarte
y me fui aprisa
sin decirte
que el cuerpo nadie
con las manos lo aprehende
pero las mías envejecieron

—y tú aún no crees
que degollamos las aves[39]

CALCAS ESTÁ ENAMORADO

bien, pues yo lo diré; pero tú ¡pónte y jura a mi lado
que a defenderme de firme serás con voces y brazo!:
pues cuido que habrá de enojarse señor que en la gente de Argos
tiene supremo poder y le acatan todos los Dánaos.
HOMERO, *Ilíada*, A 76-79*

Lo sé
me amas
y que de mí se ocupe la noche
y mi pena
y lo que me atrapa
¡hete aquí! Que alguna vez que me inclino desnudo a
besarte me importan más ocho gorriones y el chillido
de su madre[40] y te asolo.

Este que yo era amaba las señales de los dioses —la
gran serpiente de rojo lomo— nuestros días pasados
y tu llanto cuando te oía desarraigar de tus entrañas
un gran árbol —el árbol del otro—

Te abrazo y me dices raíces, son raíces —y esto tiene
una lógica, porque tus uñas están sucias y tu cuerpo

---

*   Traducción de Agustín García Calvo.

es un arco doblado. Tú, mi suplicante.

Este nuestro amor —un acto de desesperación, une
a la noche nuestro silencio.

Algunas veces —aún no he comprendido cómo—
resbalas hacia mis pétreos sueños junto con las aves.
Un oscuro lugar de insomnio. Me lames rompiendo
la Gran Montaña y se oyen miríadas de restallidos que
trasponen el reptil —alba su lomo rojo— junto a la
playa nos domanece* y nosotros:

dos ligeras
estrellas
que parpadean

El que yo era se dejó crecer las rojas barbas de la
eternidad, calentó caliza en los altos hornos, alzando
las ciudades de los seres humanos, pero ya ha ocurrido
lo peor: Dios ha muerto y la serpiente, el petrificado
altar de una Ifigenia.

En el tanto calor se agrieta el alto-roquedo de la
Áulide[41] —germina el nuevo bosque. Una argéntea

---

* Antioju escribe «(ε)ξημερώνει». Con la añadidura de la épsilon entre
paréntesis, el poeta hace que su palabra signifique «domar» y «amanecer».
Yo me he decantado por un neologismo.

anemofilia de memoria recubierta y nuestro amor
que regresa —se levantó un viento de levante en el
Profundo puerto.

¡Mira! Aletean los largos cabellos de los aqueos

Lo sé
me amas
me miras fijamente
mientras te desnudo
y te hago sangrar
en los senderos
de este poema;

(t) ú
ciervo
de (mi) sacrificio

ÉXODO

a tu boz oí
en el huerto y temí, que desnudo yo,
y escondíme
Génesis, 3,10[*]

Extraña es la caída del ser humano. Cuando salí del bosque septentrional ya se habían salvado tanto la noche como mis palabras. Detrás de mí venían las aves y los animales blanquinegros; y amanecía al fondo del horizonte una gran margarita amarilla, como la que te envié en primavera.

En esta primera luz que pulveriza las montañas, yo era el ser humano humilde que desconchaba las membranas de su cuerpo, muriendo cada noche sobre él, debajo de él, dentro de él. Y mientras florecía la margarita amarilla, se desvelaba también el mar que bullía como la eternidad.

Y tuve miedo porque no sabía bien si había muerto y veía lo que dicen en mi siglo que ven los muertos. Luz, una luz blanca que desenvolví devanando con las manos el aire.

---

[*] Biblia de Ferrara, traducción de Yom Tob Atias y Abraham Usque, edición y prólogo de Moshe Lazar, Madrid, Fundación José Antonio de Castro, 1996. Se publicó en 1553, los traductores eran sefardíes exiliados.

Y giré la cabeza para rezar durante el Sabbat, para que viniese y para que yo le importase, que a cada poco yo lo recordaba oculta y palmariamente. La margarita me alzó en mitad del cielo iluminando el mundo y vi claramente cómo se había blanqueado tanto mi cuerpo que parecía papel nonato y mis venas agujereadas, estas arañas del moho, hormigueaban y se enardecían, exorcizadas.

¡Qué veneno corría por mi sangre!

Llegando a la ciudad polvorienta, me persigné desde la cabeza hasta el ombligo. Busqué detrás de mí las aves y los animales blanquinegros. Se habían reunido todos bajo un ciprés caquéctico en cuya copa inclinada giraba como el fuego Zebaoth y dije: «Santo, Santo, Santo, Adonay Zebaoth, hinchimiento de toda la tierra su honrra[42]. Si no Adonay Zebaoth fiziera remanescer a nos resto poco, como Sedom fuéramos, a Hamorah nos asemejáramos»[43].

Y las aves comenzaron a crascitar enojadas, y los animales resollaban y abrían sus bocas salivosas. Y ni un ser humano había que me salvase, porque no viví nunca con los vivos, el único. Y corría con este agujereado cuerpo mío, para hallar un lugar donde enterrarme y salvarme.

Luego vi en el borde del camino una chabola desde cuyo agrietado techo una gavilla de oscuridad ascendía al cielo y recordé lo que había oído o lo que tú me habías dicho: que somos como chabolas, humillados y escasos, y dentro de la tierra desarraigamos pequeñas franjas de muerte.

Y empujé con fuerza la maldita puerta. En la ruina, por un agujero sin fondo, cual pozo, saltaba la noche y procedí, en mi furor, a perderme en su abismo. Pero clavé las piernas y hundí con las plantas de sus pies y con sus dedos unas tenacillas en la cornisa terrosa del pozo. Y cuando me apoyé bien y respiré, comencé a girar alrededor de la cornisa, para llegar hasta la otra estancia, y vi que ni las aves, ni los animales blanquinegros se acercaban a la maldita puerta, sino que con los ojos fosforescentes abiertos como platos delataban la manchada lucerna de la ruina.

En la otra estancia, en una gran mesa se apoyaba un féretro abierto, pero no distinguí bien y pensé en encenderme un cigarrillo para recobrar el aliento, para que la ruina se iluminase con su punta encendida. Y metí las manos en mis bolsillos en busca de tabaco y fuego. Pero estaba desnudo, totalmente desnudo. Y las estiré palpando primero sobre la mesa, luego sobre el féretro, hasta que comencé a buscar a tientas en la ropa del muerto.

Entre el tanteo, mi húmedo hálito, el olor de la ruina y la putrefacción del muerto, tuve la impresión de oír también un sollozo ahogado, un suspiro imperceptible, y dije, con tanto miedo como el que en una voz extenuada puede oírse: ¿hay alguien aquí? Y me inmovilicé de la manera en que ven las fieras en la oscuridad. Y la niña de mis ojos creció y comenzó a concentrar la oscuridad de la ruina. Hasta que en la cabecera de la mesa apareció la forma encorvada de mi madre sobre el rostro del muerto; y lo besó y se inclinó con los cabellos de su juventud y lo acarició. Y esto aconteció en los copiosos miedos para que no me perturbase. Porque durante toda mi vida veía mi funeral y tenía por costumbre entreabrir los ojos, estirar las manos hacia la ropa de cama y embozarme hasta arriba. Concluyó así la pesadilla y desperté. Pero cuanto más buscaba, ni ropa de cama, ni lecho palpaba. Solo mi cuerpo desnudo y roto como el papel apergaminado. Y cuanto más palpaba, más me rasgaba los pies y las manos y luego entre mis pechos, donde en otro tiempo la vida se inclinaba para sorber.

¿Cómo aconteció
que mi corazón se pudriese?
¡Dime!
¿Con qué voy a amarte?

Y me incliné cerca de su oreja para decirle que no se preocupase, porque yo había elegido tiempo ha estar muerto y porque así veía yo a los que había amado y a los que me adelantaron en la luz: muertos. Pero ya no tenía voz, ni sollozo, ni suspiro y me había rasgado dentro del papel que devine. Y ella olía como yo. Y las aves y los animales blanquinegros eran solo los signos de puntuación que separaban las palabras, las que descendían del cielo y las que yo alzaba excavando con las manos la tierra de la estancia.

Pero yo entonces había muerto, en la pequeña casa de tablas quemadas, allí en el altar de Hécate, que la gente hoy en día llama mar de las lluvias.[44] Y nunca te dije con claridad cómo es vivir en una chabola con un cielo agrietado. Que Dios te vea y que no te lleve. Que te vea también el Diablo y que se arrastre sobre ti. Cómo me apretaba los pies, los genitales y luego se elevaba helado y me mordía entre los pechos. Y, sin embargo, incluso entonces yo cantaba:

Es porque abro un abrazo rompiendo cadenas, te excavo en tus cabellos plantando esperanzas; es porque también mi piel no hace más que abrirse y cerrarse mientras mi lengua se sumerge en el vórtice

Es mi estrella flaquita, pero aún se enciende y se apaga y un perro que aúlla en sus dientes afila una gran belleza, toda la amargura del mundo, robo los hálitos de los vivos y negocio un rescate

Sabes que no te quiero, pero sopórtame no puedo, me abatiré, me encargaré, una vez raye el alba feneceré y ya supongo que mi vida es mi triste secreto

Apaga la luz, mira el cuello, oro brilla, Satanás. Inclínate, aquí, en el agujero que tengo en el corazón; tienes sed en tanto desierto, bebe un traguito

Y mi madre con esos cabellos negros se inclinaba, pero ni me veía ni me oía. Solo que también ella clavaba los ojos en la oscuridad de los escombros, porque sentía que yo rondaba. Y esparcía unas pocas flores que había recogido de mis últimos sueños en el cajón y las enterró entre mis pechos —te hablé de las margaritas y de las amapolas—, un agujero hacheado en mi corazón. Y oí dentro de sus labios cómo golpeteaban sus dientes roedores mordiéndose la lengua. Y frunciendo todas las líneas de su frente rota, envió a mi cabeza su calmo treno como exorcismo y maldición, de esta manera:

En lo alto en una colina inexpugnable rubia y seca, hogar dulce hogar abierto por siglos amargado, hasta que subas te entierras y te abres paso y revientas como si desenterrases mil huesos, te hundes, pero no llegas.

Con puertas y ventanas, tablas encallecidas, los manubrios bajo el ostro herrumbrosos crujen. Pero cuando abres y caminas, una mujer verde se alza inmóvil cual árbol, sus hojas tiradas y con su carne desnuda durante siglos espera este único breve instante que de inmediato resucita a amantes, a generales, a poetas y a trabajadores, dando a luz a un macho y a todas las ménades

Y cuando huelo a mar sobre la cama, crezco devengo rama, me extiendo en el mapa; de una región que no habito, de una casa que no poseo, viendo trenes en una estación, puerto por el que no hago más que correr

En este mar negro que se inmoviliza cual tumba; lo cruzo totalmente desnudo pesado cual si roca yo fuese y dentro dentro de la arcilla, en el infierno, en el Hades, solo durante este único instante trazo una señal

En las palmas de mis manos, tierras, nubes en mis cabellos y el cráneo florido, heridas en mis cuernos. Sacrificado demonio mil veces muero y en la sábana mi cuerpo celeste yace amortajado

En lo alto en una colina inexpugnable rubia y seca, hogar dulce hogar abierto durante siglos amargado. Allí hincadme bien, con clavos del siglo, una cruz, mi alfa y una áurea aguja

Y grabad un mensaje de este vampiro: «Son sus palabras mamas, entradas al inframundo; que los niños no las lean, que las muchachas de ellas no sepan, porque hinchan las mentes, la piel, las glándulas, para que él viva no muerto en palabras amargadas»

Y llegó la hora de que aquella encendiese una velita. La derritió con el fuego y la afianzó en la parte superior del féretro sobre el cabezal. En el escaso resplandor, el milagro y lo inesperado. Desde el agujero que el muerto tenía en mitad del esternón, salió a borbotones una gavilla de densa oscuridad. Una aniquilación completa que llegaba hasta arriba, hasta el Dios de los seres humanos, y apagaba una a una las estrellas del cielo.

¡Ah, mi amarga muerte! Te vi de nuevo preparar tus venablos, tejiendo una corona alrededor de la luna. Y mientras transitaba por mi vida, abría a escondidas tus pesadas puertas. Porque esto hacen los seres humanos al viajar.

Soy una humilde chabola con el techo agrietado, pero las aves que me siguen son las águilas de Federico y los animales blanquinegros, las fieras de Arturo.

Es extraña la caída del ser humano. Te he plantado con la cabeza dentro de la tierra, pero soy feliz y tú aún crees que te acostumbrarás.

La noche inclinó mi vida
y yo la cabeza.

En la profundidad de mi corazón
—este, el cielo subterráneo

FRAU MUTTER

La última noche, tu madre murió. Un denso bosque de dedos rotos palpaba el ruido blanco del silencio. Silencio era tu amor, de otra manera un acordado latrocinio, apilando en la casa (d e e ll a) aves muertas y otras cosas que son inenarrables. Nunca me atreví a nombrarte, solo te di a morder mi luna, decayendo el amor que por ti sentía. En las crestas de la noche: ríos nuestras venas, pechos nimboestratos, salivas célicos venenos, hematomas —dentro de ti, sobre ti, debajo de ti. Cada vez, al terminar, disparaba una galaxia hacia tu rostro. Tú te reías, cómo te reías y corrías para alcanzar la sombra que nos desazonaba en la estancia. Apoyado en los débiles pies del tiempo, le quebré el cuello al espectro —manos hábiles— y de nuevo domé tu sueño cual muerte que espera a que te adormezcas. Asenté mi rota nuca en la almohada, de lo más fina, acechando tu boca para que se entreabriese, para ver cómo gotea el silencio del ser humano en las ventanillas del sueño y no hice más que meterme en tu cabeza, pero entre nosotros brotaba el bosque septentrional y no llegaba a ti. Me arrastraba por la sábana. Na-da. Me ensangrentaba y con mi sangre saciaron su sed los espectros de la casa (d e e ll a). La casa (d e e ll a) me recordó sobremanera otra casa, la de las tablas quemadas, allá, en el santuario de

Hécate. Pero aquel, además de su ruido blanco, tenía también una gran mariposa amarilla y su silencio era fuego que quemaba a mi Dios.

La última noche, cuando Frau Mutter murió, nos desnudamos en la puerta de entrada. Tu Alba Madre, un sacro parásito de cópula, un gran amor que se oía cual murmullo —el silencio—

Ah —tu voz midió la luna:

Flieβe, flieβe, lieber Fluβ!
Niemer wer'dich froh;
. . . .
Durch das Labyrinth der Brust
Wandelt in der Nacht.[45]

—Medialuna de los mezquinos te dije y te inclinaste hacia tu otro costado. La última noche (tu) Frau Mutter no murió; la maté.

Con manos que no veo
te comparto

Inesperadamente
llegó la aniquilación
una inclinación tenía
nuestro mundo
—mientras se vaciaba

SCHWANENGESANG[46]

Cuando se aplaca el treno de las aves, en la espaciosa noche que perdona el recuerdo, fingiré que nunca exististe.

Eras el hábil cuchillo en las palabras señaladas; la furtiva voz que escarbaba dos jardincillos verdes en la calle de enfrente —nuestras tumbas verdes.

¡Escucha! Quiero contarte la verdad: lo que se inició en el bosque septentrional tiene ahora que concluir. Que no existir. Que no existir aquí, en el cielo subterráneo, donde los seres humanos clavarán sus flores cuando se escuche el canto del cisne.

Que no existir aquí, en el cielo subterráneo, donde intactos en la gran noche —dos cuerpos desnudos en crisálidas de fibra de carbono— incubaremos en el cataclismo célico sacando en procesión por la galaxia al Dios que matamos

—anhelando las aves, en lo alto, más alto, entre las estrellas.

En tus deformadas llanuras cosecho los ojos de la primavera. Tus flores célicas iluminan el camino del rey. En mi cabeza, en aquella herida antigua donde el amor gotea, brotó un botón giratorio. He fortalecido la voz de todo el mundo para soportar el silencio.

Es tan simple: cuando las horas se identifican, las almas no aguantan; nosotros nos amábamos, nosotros combatíamos.

¡Escucha! Quiero, cuando yazgas, que te fumes las estrellas.

DIE WEISE VON LIEBE UND TOD[47]

Suffering is permanent, obscure and dark,
And shares the nature of infinity[48]
WILLIAM WORDSWORTH, *The Borderers*, acto III

El que yo era
lamentó matarte—
tenía besado
tu rostro y tus ojos
en este bosque
que era
hogar (d e e ll a)

En vano amas al verdugo;
vendiste tu cuerpo—
compraste mis estrellas—
un justo intercambio

El que yo era
derrochó la luz—
Con su vida
no sale adelante
y tú—
no fructificas

Herr, wie dein Leib war rot und wund.
so lass mein Herz sein aller Stund.[49]

Dios mío,
toda mi existencia duele

Los tres collages son partituras elaboradas por el poeta, revestidas de sellos mágicos, de las siguientes obras musicales: *El oro del Rin* y, más concretamente, la transcripción de Franz Lizst del tema de Wagner «Entrada de los Dioses en el Valhalla» (p. 3). *Schwanengesang* D. 957, «Ständchen» (Serenata), de Franz Schubert, es también una transcripción de Franz Liszt de esa obra (p. 22). La partitura de la musicalización por parte de Franz Schubert del poema de Goethe «An den Mond»: D.296 (1815) está en la página 72.

NOTAS

1 «pero nunca perdona / que perturbéis la paz de los amantes». *Vid.* «Lo imperdonable», en *Poemas*, de Friedrich Hölderlin, introducción y versión de Luis Cernuda (en colaboración con Hans Gebser), Madrid, Visor, 2005.

2 *Vid.* La Biblia del Oso, Nuevo Testamento. Según la traducción de Casiodoro de la Reina publicada en Basilea en el año 1569, edición de José María González Ruiz, Barcelona, Alfaguara, 2021, p. 294, Juan, 20,25 «Dijéronle, pues, los otros discípulos: Al Señor hemos visto. Y él les dijo: Si no viere en sus manos la señal de los clavos y metiere mi dedo en el lugar de los clavos y metiere mi mano en su costado, no creeré».

3 «Hasta la vista, aquí, no importa dónde». *Vid.* Arthur Rimbaud, *Poesías completas*, traducciones de Aníbal Núñez, David Conte, Cintio Vitier y Gabriel Celaya, Madrid, Visor, 2001. Se trata de un fragmento del poema «Democracia», perteneciente a *Iluminaciones* (traducción de Cintio Vitier).

4 «Mas, ¡ay!, nuestro linaje vaga en la noche, vive como en el Orco, sin lo divino». *Vid.* Friedrich Hölderlin, *El archipiélago*, estudio y traducción de Luis Díez del Corral, Madrid, Alianza, 1979, p. 81.

5 «Apiádate [de mí], Señor, / por estas lágrimas que lloro». Johann Sebastian Bach, *Matthäus-Passion*, Edel Classics, Alemania, 2005. Traducción del fragmento a cargo de Daniel Najmías.

6 Referencia al fauvismo, una corriente artística del siglo XX. El término proviene de la palabra francesa «fauve», que significa «fiera» (se utiliza muchas veces para referirse a los felinos). Se utilizó por vez primera en 1905 en la primera exposición del grupo de los fauvistas en París.

7 El Valhalla es la sala póstuma de Odín para los soldados que caen con honor y gloria en el campo de batalla. Les da la bienvenida Bragi, el dios de la poesía en la mitología escandinava, esposo de Iðunn e hijo de Odín. Las valquirias acompañan hasta el Valhalla a los soldados masacrados. El Valhalla contiene quinientas cuarenta puertas, muros hechos de lanzas, un

techo hecho de escudos y bancos revestidos de armaduras. Diariamente, los combatientes masacrados, que ayudarán a Odín en Ragnarok, la última batalla de los dioses contra los gigantes, se arman y se entrenan por miles, en batallas de las llanuras de Asgard, contra el lobo Fenrir. Por la noche regresan al Valhalla y cenan jabalí asado y toman una bebida espirituosa (*Vid.* Rudolf Simek, *A Dictionary of Northern Mythology*, translated by Angela Hall, Alfred Kröner Verlag, Alemania, 1993). *Vid. El crepúsculo de los dioses*, de Wagner.

8   En la mitología escandinava, las valquirias eran deidades femeninas menores que, cabalgando manadas de lobos, amparaban a los soldados masacrados en el campo de batalla para trasladarlos al Valhalla. Esto era indispensable porque Odín necesitaba combatientes que luchasen en la predeterminada batalla en el fin del mundo, Ragnarok (*Vid.* también Hilda Roderick Ellis, *The Road to Hel: A Study of the Conception of the Dead in Old Norse Literature*, Greenwood Press, New York, 1968). El eje dramatúrgico de la ópera *El crepúsculo de los dioses*, de Wagner, es la pasión de la valquiria Brynhildr o Brunilda por el héroe Sigfrido, que sumidos en la felicidad de su pasión olvidan su objetivo más alto, impedir el crepúsculo de la soberanía de los dioses. Así padecen todos los intentos y las decepciones que, por regla general, reserva la felicidad, hasta la muerte de Sigfrido y el autosacrificio de Brunilda, que, al ver que el Valhalla se convierte en pasto de las llamas, se arroja al fuego a caballo, ofreciendo su propio holocausto. Con este sacrificio de la valquiria, el anillo de los nibelungos regresa al Rin donde asumen de ahí en adelante su custodia las hijas del río.

9   «¡Vacío, desierto está el mar!». *Vid.* Ricardo Wagner, *Tristán e Isolda*, traducido y analizado por Ernesto de la Guardia, Buenos Aires, Ricordi Americana, 1984, acto III, verso 24, p. 50. Compárese con T.S. Eliot, *The Waste Land*, verso 42.

10   Fenrir (el que habita en la ciénaga) es el lobo más malvado al que se hace referencia en la mitología escandinava. Los dioses Esir se hicieron cargo de Fenrir, poniéndolo bajo su protección, con objeto de tenerlo bajo control y para evitar que sembrase la calamidad por los Nueve Mundos. Empero, puesto que creció a un ritmo sorprendentemente rápido, comenzó a causar problemas a los dioses, hasta que finalmente

decidieron encadenarlo. Después de dos intentos fracasados, llamaron a filas a los Enanos para que forjasen la cadena más fuerte que se construyó nunca, la cual, empero, debía dar la impresión de ser muy ligera y suave al tacto. Cuando los dioses la presentaron ante Fenrir, este, suspicaz, se negó a que lo encadenasen, a menos que uno de los dioses pusiese una mano en su boca durante el proceso de la prueba, como muestra de buena fe. Týr fue lo suficientemente generoso como para hacerlo, sabiendo que quizá eso se tradujese en la pérdida de la mano, cosa que ocurrió cuando Fenrir, incapaz de liberarse de las cadenas, le cortó la mano. La cadena, a continuación, se amarró a una enorme roca y se colocó una espada en las mandíbulas de Fenrir con vistas a mantenerlas siempre abiertas. Sin embargo, puesto que él mismo aullaba salvaje e interminablemente, de su boca se derramaba un río espumado, el cual se denominó Ván, es decir, «expectativa». Pero, como indica el nombre del río, este no fue el final del lobo. Durante el Ragnarok, rompió la cadena y, ya libre, se derramó por el mundo, con la mandíbula inferior apoyándose en el suelo y la mandíbula superior en el cielo, engulléndolo todo a su paso. Mató incluso al dios Odín, antes de que uno de los hijos de Odín, Vindar, le diera muerte (*Vid.* también Kevin Crossley-Holland, *The Penguin Book of Norse Myths: Gods of the Vikings*, UK, Penguin, 2011).

11   «Ständchen», D.957, de Franz Schubert. Transcripción de la obra a cargo de Franz Lizst. En el poema se hace referencia a una interpretación de Serguéi Rajmáninov, en enero de 1942.

12   ¡Querido, ven a mí!

13   Breve, si no conciso, es el tiempo.

14   Bajo la luz de la luna, / Querido, ven a mí, / Querido, ven al mar, / Pero enciendo la luz / Y desapareces.

15   *Vid.* el poema «Interlude-Nocturno», en *En la lengua de él*, de Yannis Antioju, editorial Gavriilidis, Atenas, 2005, p. 26.

16   Del poema «Patmos»: «Cercano está el dios / y difícil es captarlo». *Vid.* Friedrich Hölderlin, *Poesía completa, tomo II*, edición bilingüe, traducción de Federico Gorbea, Barcelona, Ediciones 29, 1978, p. 141.

17 Dios (está) con nosotros.

18 *Vid.* la expresión «a violent whisper», de la canción «747», del grupo Kent.

19 «¡Dios ha muerto!». *Vid.* Friedrich Nietzsche, *La ciencia jovial [La gaya scienza]*, introducción, traducción y notas de Germán Cano, Madrid, Editorial Biblioteca Nueva, 2001, sección 125, p. 219.

20 ¡Ángeles de la muerte, venid! / Sostengo el gran martillo de Thor / en medio de tu matanza / Dios ha muerto / no está con nosotros / y el tiempo se agota / sobre este mar de lágrimas.

21 «Oh qué dulce es el otoño»: verso del poema «En camino», del libro *Sebastián en sueños*, de Georg Trakl, versión de Américo Ferrari, Madrid, Buenos Aires, Valencia, Pretextos, 1995.

22 La dureza del invierno se extiende sobre la ciudad lejana.

23 La primavera en el bosque boreal es algo mágico.

24 «Oh cercanía de la muerte». *Vid.* Georg Trakl, *op. cit.*, versión de Américo Ferrari, p. 33.

25 Desde el pecho del verano.

26 Síndrome de Renfield, término referido al trastorno que describe la obsesión por consumir sangre. Fue acuñado por el psicólogo clínico Richard Noll, que se inspiró, para el nombre del síndrome, en Renfield, el asistente entomófago de Drácula, tal y como se refiere a él Bram Stoker en su novela.

27 Se trata de los versos «Jeglichen Tod erleidet, / Die Nacht der bleiche Mesch», del poema «An Johanna», «A Juana», de Georg Trakl. *Vid.* sus *Obras completas*, traducción de José Luis Reina Palazón, Madrid, Trotta, 2000, p. 240.

28 Se trata del adagio de la Sinfonía 11, en sol menor, de Dimitri Shostakóvich.

29   «Oh, qué oscura es esta noche». *Vid.* Georg Trakl, *op. cit.*, versión de Américo Ferrari, p. 17.

30   Querido, ven a mí, ven al mar, ven al cielo subterráneo. Querido, ven, para que muramos juntos.

31   *Vid.* el poema «…qué dijo el ave de humana voz», del libro *Inspiración*, de Yannis Antioju, Atenas, Íkaros, 2009, p. 11.

32   Tenía una flor célica / sangre célica / un amor célico / un Dios célico / pero / Dios (no) estaba con nosotros.

33   *Vid.* los versos «Doubt thou the stars are fire, / Doubt that the sun doth move, / Doubt truth to be a liar, / But never doubt I love» de la escena segunda, verso 115, de *Hamlet*, de William Shakespeare.

34   Somos únicos, pero tú estás muerto.

35   William Shakespeare, *Hamlet*, acto V, escena segunda, verso 310.

36   Génesis, 11,2: «Y fue en su moverse de Oriente, y hallaron vega en tierra de Sinhar y estuvieron allí». *Vid.* Biblia de Ferrara, traducción de Yom Tob Atias y Abraham Usque, edición y prólogo de Moshe Lazar, Madrid, Fundación José Antonio de Castro, 1996.

37   La casa de Dios o la Torre. La carta pertenece a los veintidós (22) grandes triunfos de la baraja del tarot, que presagia la catástrofe y la mala suerte.

38   «Por tanto llamó su nombre Babel, que allí rebolvió Adonay labio de toda la tierra y de ahí los esparzió Adonay sobre fazes de toda la tierra». Génesis, 11,9. *Vid.* Biblia de Ferrara.

39   *Vid.* el poema número XLI, en concreto los versos «Split the Lark you'll find the music [...] Now, do you doubt that your Bird was true?», de *The Complete Poems of Emily Dickinson*, prólogo de Martha Dikinson, Little, Brown and Company, Boston, 1924, p. 164.

40   Homero, *Ilíada*, prolegómenos y versión rítmica de Agustín García Calvo, Zamora, Lucina, 1995, rapsodia 2, vv. 308-329, pp. 95-96.

41   Homero, *op. cit.*, rapsodia 2, v. 496, p. 101

42   Biblia de Ferrara, Isaías 6,3.

43   Biblia de Ferrara, Isaías 1,9.

44   *Vid.* el poema «Disolución», de Yannis Antioju, incluido en su libro homónimo, Atenas, Íkaros, 2007, p. 51.

45   Versos 13-14 («¡Fluye, fluye, querido río! / Jamás seré feliz;», p. 505) y 35-36 («a través del laberinto del corazón / camina en la noche», p. 507) del poema «An der Mond», «A la luna», de Johann Wolfgang Goethe. *Vid. Los Lieder de Schubert, I*, textos del alemán y castellano recopilados, traducidos y presentados por Fernando Pérez Cárceles, prólogo de Miguel Zanetti, prefacio del recopilador, Madrid, Hiperión, 2005.

46   *Schwanengesang* D. 957. Se trata de una colección de canciones para piano y voz, que fue escrita por Franz Schubert al final de su vida y que se publicó tras su muerte. Tobias Haslinger, su primer editor, eligió el título *Canto del cisne*, puesto que consideraba que esta colección era una especie de testamento musical de Schubert. Incluye poemas de Ludwig Rellstab, Heinrich Heine y Johann Gabriel Seidl.

47   La forma del amor y de la muerte. *Vid.* el título *Die Weise von Liebe und Tod des Cornets Christoph Rilke* (*Canción del amor y la muerte del corneta Cristóbal Rilke*, nueva versión castellana de Eduardo García Máynez, revista de la UNAM, 1956: https://www.revistadelauniversidad.mx/download/2e916d31-663c-47a1-ab73-7b9c812b0bab?filename=cancion-del-amor-y-la-muerte-del-corneta-cristobal-rilke).

48   «El sufrimiento es permanente, oscuro y negro / y tiene la naturaleza de la eternidad». *Vid.* Oscar Wilde, *De profundis and Other Writings*, London, Penguin Classics, 1986, p. 152.

49   «¡Señor! Haz que mi corazón sangre en todo momento, como sangró tu cuerpo». *Vid.* Georg Büchner, *Woyzeck y Leoncio y Lena*, traducción y adaptación de Julio Diamante (*Woyzeck*) y de Elena Sáez y Julio Diamante (*Leoncio y Lena*), Madrid, Ediciones Júcar, 1974, p. 70. El fragmento pertenece a *Woyzeck*.

ÍNDICE

ESTE NÚMERO 108
DE *SILTOLÁ POESÍA*
SE TERMINÓ DE IMPRIMIR
EN EL MES DE DICIEMBRE DE 2024

Colección SILTOLÁ POESÍA
Otros títulos publicados en esta colección